掌中書 026

倫敦雜記

朱自清——著

五南圖書出版公司 印行

學識新知・與眾共享

——單手可握，處處可讀

「真正高明的人，就是能夠藉助別人智慧，來使自己不受蒙蔽。」蘇格拉底如是說。二千多年後培根更從積極面，點出「知識就是力量」。擁有知識，掌握世界，海闊天空！

可是：浩繁的長篇宏論，時間碎零，終不能卒讀。

或是：焠出的鏗鏘句句，字少不成書，只好窖藏。

於是：古有「巾箱本」，近有「袖珍書」。「巾箱」早成古代遺物；時下崇尚短露，已無「袖」可藏「珍」。

面對：微型資訊的浪潮中，唯獨「指掌」可用。一書在手，處處可讀。這就是「掌中書」的催生劑。極簡閱讀，走著瞧！

輯入：盡是學者專家的眞知灼見，時代的新知，兼及生活的智慧。

希望：爲知識分子、愛智大眾提供具有研閱價值的精心之作。在業餘飯後，舟車之間，感悟專家的智慧，享受閱讀的愉悅，提升自己的文化素養。

五南：願你在悠雅閒適中……

慢慢讀，細細想

「掌中書系列」出版例言

一、本系列之出版，旨在爲廣大的知識分子、愛智大眾，提供知識類的小品，滿足所有的求知慾，使生活更加便利充實，並提升個人的一般素養。

二、本系列含括知識的各個層面，生活的方方面面。生活的、人文的、社科的、藝術的，以至於科普的、實務的，只要能傳揚知識、增廣見聞，足以提升生活品味、個人素養的，均輯列其中。

三、本系列各書內容著重知識性、實務性，兼及泛眾性、可讀性；避免過於深奧，以適合一般知識分子閱讀的爲主。至於純學術性的、研究性的讀本，則不在本系列之內。自著或翻譯均宜。

四　本系列各書內容，力求言簡意賅、凝鍊有力。十萬字不再多，五萬字不嫌少。

五　爲求閱讀方便，本系列採單手可握的小開本。在快速生活節奏中，提供一份「單手可握，處處可讀」的袖珍版、口袋書。

六　本系列園地公開，人人可耕耘，歡迎知識菁英參與，提供智慧結晶，與眾共享。

叢書主編

二〇二三年一月一日

序

一九三一到一九三二年承國立清華大學給予休假的機會，得在歐洲住了十一個月，其中在英國住了七個月。回國後寫過一本《歐遊雜記》，專記大陸上的遊蹤。在英國的見聞，原打算另寫一本，比《歐遊雜記》要多些。但只寫成九篇就打住了。現在開明書店惠允印行；因為這九篇都只寫倫敦生活，便題為《倫敦雜記》。

當時自己覺得在英國住得久些，尤其是倫敦這地方，該可以寫得詳盡些。動手寫的時候，雖然也參考裴歹克的《倫敦指南》，但大部分還是憑自己的經驗和記憶。可是動手寫的時候已經在回國兩三年之後，記憶已經不夠新鮮的，興趣也已經不夠活潑的。——自己卻總還認真地寫下去。有一天，看見《華北日報》上有記載倫敦拉衣恩司公司的文字，著者的署名已經忘記，自己在《吃的》那一篇裡也寫了拉衣恩司食堂；但看了人家源源本本的敘述，慚愧自己知道的真太少。從此便有擱筆之意，寫得就慢了。抗戰後才真擱了筆。

不過在英國的七個月畢竟是我那旅程中最有意思的一段兒。承柳無忌先生介紹，我能以住到歇卜士太太家去。這們老太太如《房東太太》那篇所記，不但是我們的房東，而且成了我們的忘年朋友。她的風趣增加我們在異國旅居的意味。《聖誕節》那篇所記的聖誕節，就是在她家過的。那加爾東尼市場，也是她說給我的。她現在不知怎樣了，但願還活著！倫敦的文人宅，我是和李健吾先生同去的。他那時從巴黎到倫敦玩兒。有了他對於那些文人的深切的嚮往，才引起我訪古的雅興。這個也應該感謝。

在英國的期間，趕上莎士比亞故鄉新戲院落成。我和劉崇鋐先生、陳麟瑞先生、柳無忌先生夫婦，同趕到「愛文河上的斯特拉福特」去「躬逢其盛」。我們連看了三天戲。那幾天看的、走的、吃的、住的，樣樣都有意思。莎翁的遺蹟觸目皆是，使人思古的幽情油然而生。而那安靜的城市、安靜的河水，親切的旅館主人、親切的旅館客人，也都使人樂於住下去。至於那新戲院，立體的作風、簡樸而精雅，不用說是值得盤桓的。我還趕上《阿麗思漫遊奇境記》的作者加樂爾的紀念——記得當時某刊物上登著那還活著的真阿麗思十三歲時的小影。而《泰晤士報》舉行紀念，登載《倫敦的五十年》的文字，也在這時候。其中一篇寫五十年來的男女社交，最惹起人今昔之感。這些我本打算都寫在我的雜記裡。我的擬目比寫出的要多一半。其中有關於倫敦的戲的，我特別要記吉爾伯特和瑟利文的輕快而活潑的小歌劇。還有一篇要記高斯華綏的讀詩會。——那回讀詩會是動物救濟會主辦的。當場有一個工人背出高斯華綏《法網》那齣戲裡的話責問他，說他有錢了，就不管正義了。他打住了一下，向全場從容問道：「諸位女士，諸位先生，你們要我讀完麼？」那工人終於嘀咕著走了。——但是我知道的究竟太少，也許還是藏拙為佳。

寫這些篇雜記時，我還是抱著寫《歐遊雜記》的態度，就是避免「我」的出現。「身邊瑣事」還是沒有，浪漫的異域感也還是沒有。並不一定討厭這些。只因新到異國還摸不著頭腦，又不曾交往異國的朋友，身邊一些瑣事差不多都是國內帶去的，寫出來無非老調兒。異域感也不是沒有，只因已入中年，不夠浪漫的。為此只能老老實實寫出所見所聞，像新聞的報導一般；可是寫得太認真，又不能像新聞報導那麼輕快，真是無可如何的。遊記也許還是讓「我」出現，隨便些的好；但是我已經來不及了。但是這九篇裡寫活著的人的比較多些，如《乞丐》、《聖誕節》、《房東太太》，也許人情要比《歐遊雜記》裡多些罷。

這九篇裡除《公園》、《加爾東尼市場》、《房東太太》三篇外，都曾登在《中學生》雜誌上。那時開明書店就答應我出版，並且已經在隨排隨等了。記得「七七」前不久開明的朋友還來信催我趕快完成這本書，說免得彼此損失。但是抗戰開始了，開明的印刷廠讓敵人的砲火毀了，那排好的《雜記》版也就跟著葬在灰裡了。直到前些日子，在舊書堆裡發現了這九篇稿子。這是抗戰那年從北平帶出來的，跟著我走了不少路，陪著我這幾年——有一篇已經殘缺了。我重讀這些文字，不免懷舊的感慨，又記起和開明的一段因緣，就交給開明印。承他們答應了，那殘缺的一篇並已由葉聖陶先生設法鈔補，感謝之至！只可惜圖片印不出，恐怕更會顯出我文字的笨拙來，這是很遺憾的。

三十二年三月，昆明

朱自清

目次

學識新知・與眾共享 (3)
「掌中書系列」出版例言 (5)
序 (7)
三家書店 001
文人宅 021
博物院 037

055 公園
073 加爾東尼市場
077 吃的
089 乞丐
097 聖誕節
107 房東太太

三家書店

倫敦賣舊書的鋪子，集中在切林克拉斯路[1]（Charing Cross Road）：那是熱鬧地方，頂容易找。路不寬，也不長，只這麼彎彎的一段兒；兩旁不短的是書，玻璃窗裡齊整整排著的，門口攤兒上亂烘烘擺著的，都有。加上那徘徊在窗前的、圍繞著攤兒的，看書的人，到處顯得擁擁擠擠，看過去路便更窄了。攤兒上看最痛快，隨你翻，用不著

[1] 今譯爲查令十字路。

「勞駕」、「多謝」；可是讓風吹日晒的到底沒什麼好書，要看好的還得進鋪子去。進去了有時也可隨便看、隨便翻，但用得著「勞駕」、「多謝」的時候也有；不過愛買不買，決不至於遭白眼。說是舊書，新書可也有的是；只是來者多數爲的舊書罷了。

最大的一家要算福也爾[2]（Foyle），在路西；新舊大樓隔著一道小街相對著，共占七號門牌，都是四層，舊大樓還帶地下室——可並不是地窨子。店裡按著書的性質分二十五部；地下室裡滿是舊文學書。這片店二十八年前本是一家小鋪子，只用了一個店員；現在店員差不多到了二百人，藏書到了二百萬種，倫敦的《晨報》稱爲「世界最大的新舊書

[2] 今譯名爲福伊爾。

店」。兩邊店門口也擺著書攤兒，可是比別家的大。我的一本《袖珍歐洲指南》，就是在這兒從那穿了滿染著書塵的工作衣的店員手裡，用半價買到的。在攤兒上翻書的時候，往往看不見店員的影子；等到選好了書四面找他，他卻從不知哪一個角落裡鑽出來了。但最值得流連的還是那間地下室；那兒有好多排書架子，地上還東一堆西一堆的。乍進去，好像掉在書海裡；慢慢地才找出道兒來。屋裡不夠亮，土又多，離窗戶遠些的地方，白日也得開燈。可是看得自在；他們是早七點到晚九點，你待個幾點鐘不在乎，一天去幾趟也不在乎。只有一件，不可著急。你得像逛廟會逛小市那樣，一半玩兒，一半當眞，翻翻看看，看看翻翻；也許好幾回碰不見一本合意的書，也許霎時間到手了不止一本。開鋪子少不了生意經，福也爾的卻頗高雅。他們在舊大樓的四層上留出一間美術館，不時地展覽一些畫。去看不花錢，還送展覽目錄；目錄後面印著幾行字，告訴你要買美術書可到館旁藝術部去。展覽的畫也並不壞，有賣的，有不賣的。他們又常在館裡舉行演講會，講的人和主席的人當中，不缺少知名的。聽講也不用花錢；只每季的演講程序表下，「恭請你注意組織演講會的福也爾書店」。還有所謂文學午餐會，記得也在館裡。他們請一兩個小名人做主角，隨便誰，納了餐費便可加入；英國的午餐很簡單，費不會多。假使有閒工夫，去領略領略那名雋的談吐，倒也值得的，不過去的卻並不怎樣多。牛津街是倫敦的東西通衢，繁華無比，街上呢絨店最多；但也有一家大書鋪，叫做彭勃思（Bumpus）的便是。這鋪子開設於一七九〇年左右，原在別處；一八五〇年在牛津街開了一個分店，十九世紀末便全挪到那邊去了，維多利亞時代，店主多馬斯彭勃思很通聲氣，來往的有迭更斯[3]、蘭姆、麥考萊、威治威斯等人；鋪子就在這時候出了名。店後本連著舊法院，有看守所、守衛室等，十幾年來都讓店裡給買下了。這點古蹟增加了人對於書店的趣味。法院的會議圓廳現在專作書籍展覽會之用；守衛室陳列插圖的書，看守所變成新書的貨棧。但當日的光景還可從一些畫裡看出：如十八世紀羅蘭生（Rowlandson）所畫守衛室內部，是晚上各守衛提了燈準備去查監的情形，瞧著很忙碌的樣子。再有一個圖，畫的是一七二九的一個守衛，神氣夠兇的。看守所也有一幅畫，磚砌的一重重大拱門，石板鋪的地，看守室的厚木板門嚴嚴鎖著，只留下一個小方窗，還用十字形的鐵

[3] 今譯名爲狄更斯。

條界著；眞是銅牆鐵壁，插翅也飛不出去。

這家鋪子是五層大樓，卻沒有福也爾家地方大。下層賣新書，三樓賣兒童書、外國書，四樓五樓賣廉價書；二樓賣絕版書、難得的本子、精裝的新書，還有《聖經》、祈禱書、書影等等，似乎是菁華所在。他們有初印本、精印本、著者自印本、著者簽字本等目錄，蒐羅甚博，福也爾家所不及。新書用小牛皮或摩洛哥皮（山羊皮——羊皮也可仿製）裝訂，燙上金色或別種顏色的立體派圖案；稀疏的幾條平直線或弧線，還有「點兒」，錯綜著配置，透出乾淨、俐落、平靜、顯豁，看了心目清朗。裝訂的書，數這兒講究，別家書店裡少見。書影是仿中世界的抄本的一頁，大抵是禱文之類。中世紀抄本用黑色花體字，文首第一字母和頁邊空處，常用藍色金色畫上各種花飾，典麗矞皇，窮極工巧，而又經久不變；仿本自然說不上這些，只取其也有一點古色古香罷了。

一九三一年裡，這鋪子舉行過兩回展覽會，一回是劍橋書籍展覽，一回是近代插圖書籍展覽，都在那「會議廳」裡。重要的自然是第一回。牛津、劍橋是英國最著名的大學；各有印刷所，也都著名。這裡從前展覽牛津書籍，現在再展覽劍橋的，可謂無遺憾了。這一年是劍橋目下的辟特印刷所（The Pitt Press）奠基百年紀念，展覽會便爲的慶祝這個。展覽會由鼎鼎大名的斯密茲將軍（General Smuts）開幕，到者有科學家詹姆士金斯（James Jeans）、亞特愛丁頓（Arthur Eddington），還有別的人。展覽分兩部，現在出版的書約莫四千冊是一類；另一類是歷史部分。劍橋的書字型清晰，墨色勻稱，行款合式，書扉和書衣上最見工夫；尤其擅長的是算學書、專門的科學書。這兩種書需要極精密的技巧，極仔細的校對；劍橋是第一把手。但是這些東西，還有他們印的那些冷僻的外國語書，都賣得少，賺不了錢。除了是大學印刷所，別家大概很少願意承印。劍橋又承印《聖經》；英國准印《聖經》的只劍橋、牛津和王家印刷人。斯密茲說劍橋就靠《聖經》和教科書賺錢。可是《泰晤士報》社論中說現在印《聖經》的責任重大，認眞地考究地印，也只能夠本罷了。——一五八八年英國最早的《聖經》便是由劍橋承印的。

英國印第一本書，出於倫敦威廉甲克司登[4]（William Caxton）之手，那是一四七七年。到了一五二一，約翰席勃齊（John Siberch）來

[4] 今譯名爲威廉・卡克斯頓。

到劍橋，一年內印了八本書，劍橋印刷事業才創始。八年之後，大學方面因爲有一家書紙店與異端的新教派勾結，怕他們利用書籍宣傳，便呈請政府，求英王核准，在劍橋只許有三家書鋪，讓他們宣誓不賣未經大學檢查員審定的書。那時英王是亨利第八；一五三四年頒給他們敕書，授權他們選三家書紙店兼印刷人，或書鋪，「印行大學校長或他的代理人等所審定的各種書籍」。這便是劍橋印書的法律根據。不過直到一五八三年，他們才眞正印起書來。那時倫敦各家書紙店有印書的專利權，任意抬高價錢。他們妒忌劍橋印書，更恨的是賣得賤。恰好一六二〇年劍橋翻印了他們一本文法書，他們就在法庭告了一狀。劍橋師生老早不樂意他們抬價錢，這一來更憤憤不平；大學副校長第二年乘英王詹姆士第一上新市場去，半路上就遞上一件呈子，附了一個比較價目表。

這樣小題大作，眞有些書呆子氣。王和諸大臣商議了一下，批道，我們現在事情很多，沒工夫討論大學與諸家書紙店的權益；但准大學印刷人出售那些文法書，以救濟他的支絀。這算是碰了個軟釘子，可也算是勝利。那呈子，那批，和上文說的那本《聖經》都在這一回展覽中。席勃齊印的八本書也有兩種在這裡。此外還有一六二九年初印的定本《聖經》，書扉雕刻繁細，手藝精工之極。又密爾頓《力息達斯》[5]（Lycidas）的初本也在展覽著，那是經他親手校改過的。

近代插圖書籍展覽，在聖誕節前不久，大約是讓做父母的給孩子們多買點節禮吧。但在一個外國人，卻也值得看看。展覽的是七十年來

[5] 今譯名爲「利西達斯」。

的作品，雖沒有什麼系統，在這裡卻可以找著各種美、各種趨勢。插圖與裝飾畫不一樣，得吟味原書的文字，透出自己的機鋒。心要靈，手要熟，二者不可缺一。或實寫，或想像，因原書情境，畫人性習而異。——童話的插圖卻只得憑空著筆，想像更自由些；在不自由的成人看來，也許別有一種滋味。看過趙譯《阿麗思漫遊奇境記》[6]裡譚尼爾[7]（John Tenniel）的插畫的，當會有同感吧。——所展覽的，幽默，秀美，粗豪，典重，各擅勝揚，琳琅滿目，有人稱爲「視覺的音樂」，頗爲近之。最有味的，同一作家，各家插畫所表現的卻大不相同。譬如

---

[6] 今譯名爲愛麗絲夢遊仙境。

[7] 今譯名爲坦尼爾。

莪默伽亞謨（Omar Khayyam）、莎士比亞，幾乎在一個人手裡一個樣子；展覽會裡書多，比較看著方便，可以擴充眼界。插圖有「黑白」的，有彩色的；「黑白」的多，爲的省事省錢。就黑白畫而論，從前是雕版，後來是照相；照相雖然精細，可是失掉了那種生力，只要拿原稿對看就會覺出。這兒也展覽原稿，或是灰筆畫、或是水彩畫；不但可以「對看」，也可以讓那些藝術家更和我們接近些。《觀察報》記者記這回展覽會，說插圖的書，字往往印得特別大，意在和諧；卻實在不便看。他主張書與圖分開，字還照尋常大小印。他自然指大本子而言。但那種「和諧」其實也可愛；若說不便，這種書原是讓你慢慢玩賞的，哪能像讀報一樣目下數行呢？再說，將配好了的對兒生生拆開，不但大小不稱，怕還要多花錢。

詩籍鋪（The Poetry Bookshop）眞是米米小，在一個大地方的一道小街上。叫「名街」，實在一條小胡同吧。門前不大見車馬，不說；就是行人，一天也只寥寥幾個。那道街斜對著無人不知的大英博物院；街口釘著小小的一塊字號木牌。初次去時，人家教在博物院左近找。問院門口守衛，他不知道有這個鋪子，問路上戴著長禮帽的老者，他想沒有這麼一個鋪子；好容易才找著那塊小木牌，眞是「遠在天邊，近在眼前」。這鋪子從前在另一處，那才冷僻，連裴歹克的地圖上都沒名字，據說那兒是一所老宅子，才眞夠詩味，挪到現在這樣平常的地帶，未免太可惜。那時候美國遊客常去，一個原因許是美國看不見那樣老宅子。

詩人赫洛德孟羅[8]（Harold Monro）在一九一二年創辦了這爿詩籍鋪，用意在讓詩與社會發生點切實的關係。孟羅是二十多年來倫敦文學生涯裡一個要緊角色。從一九一一給詩社辦《詩刊》（*Poetry Review*）起知名。在第一期裡，他說：「詩與人生的關係得再認真討論，用於別種藝術的標準也該用於詩。」他覺得能做詩的該做詩，有困難時該幫助他，讓他能做下去；一般人也該念詩，受用詩。爲了前一件，他要自辦雜誌，爲了後一件，他要辦讀詩會；爲了這兩件，他辦了詩籍鋪。這鋪子印行過《喬治詩選》（*Georgian Poetry*），喬治是現在英王的名字，意思就是當代詩選，所收的都是代表作家。第一冊出版，

[8] 今譯名爲哈羅德·門羅。

一時風靡，買詩念詩的都多了起來；社會確乎大受影響。詩選共五冊；出第五冊時在一九二二，那時喬治詩人的詩興卻漸漸衰了。一九一九到二五年鋪子裡又印行《市本》月刊（*The Chapbook*）登載詩歌、評論、木刻等，頗多新進作家。

讀詩會也在鋪子裡；星期四晚上準六點鐘起，在一間小樓上。一年中也有些時候定好了沒有。從創始以來，差不多沒有間斷過。前前後後著名的詩人幾乎都在這兒讀過詩：他們自己的詩，或他們喜歡的詩。入場券六便士，在英國算賤，合四五毛錢。在倫敦的時候，也去過兩回。那時孟羅病了，不大能問事，鋪子裡頗爲黯淡。兩回都是他夫人愛立達克萊曼答斯基（Alida Klementaski）讀，說是找不著別人。那間小樓也容得下四五十個位子，兩回去，人都不少；第二回滿了座，而且幾乎都是女人——還有挨著牆站著聽的。屋內只讀詩的人小桌上一盞藍罩子的桌燈亮著，幽幽的。她讀濟茲和別人的詩，讀得很好，口齒既清楚，又有頓挫，內行說，能表出原詩的情味。英國詩有兩種讀法，將每個重音咬得清清楚楚，頓挫的地方用力，和說話的調子不相像，約翰德林瓦特（John Drinkwater）便主張這一種。他說，讀詩若用說話的調子，太隨便，詩會跑了。但是參用一點兒，像克萊曼答斯基女士那樣，也似乎自然流利，別有味道。這怕要看什麼樣的詩，什麼樣的讀詩人，不可一概而論。但英國讀詩，除不吟而誦，與中國根本不同之處，還有一件：他們按著文氣停頓，不按著行，也不一定按著韻腳。這因爲他們的詩以輕重爲節奏，文句組織又不同，往往一句跨兩行、三行，卻非作一句讀不可，韻腳便只得輕輕地滑過去。讀詩是一種才能，但也需要訓練；他們注重這個，訓練的機會多，所以是詩人都能來一手。

鋪子在樓下，只一間，可是和讀詩那座樓遠隔著一條甬道。屋子有點黑，四壁是書架，中間桌上放著些詩歌篇子（Sheets）、木刻畫。篇子有寬長兩種，印著詩歌，加上些零星的彩畫，是給大人和孩子玩兒的。犄角兒上一張帳桌子，坐著一個戴近視眼鏡的，和藹可親的，圓臉的中年婦人。桌前裝著火爐，爐旁蹲著一隻大白獅子貓，和女人一樣胖。有時也遇見克萊曼答斯基女士，匆匆地來匆匆地去。孟羅死在一九三二年三月十五日。第二天晚上到鋪子裡去，看見兩個年輕人在和那女人司帳說話；說到詩，說到人生，都是哀悼孟羅的。話音很悲傷，卻如清泉流瀉，差不多句句像詩；女司帳說不出什麼，唯唯而已。孟羅在日最盡力於詩人文人的結合，他老讓各色的才人聚在一塊兒。又好客，家裡爐旁（英國終年有用火爐的時候）常有許多人聚談，到深夜才去。這兩位青年的傷感不是偶然的。他的鋪子可是賺不了錢；死後由他夫人接手，勉強張羅，現在許還開著。

一九三四年十月二十七日作

文人宅

杜甫〈最能行〉云：「若道士無英俊才，何得山有屈原宅？」《水經注》，秭歸「縣北一百六十里有屈原故宅，累石爲屋基。」看來只是一堆爛石頭，杜甫不過說得嘴響罷了。但代遠年湮，渺茫也是當然。往近裡說，《孽海花》上的「李純客」就是李慈銘，書裡記著他自撰的楹聯，上句云，「保安寺街藏書一萬卷」；但現在走過北平保安寺街的人，誰知道哪一所屋子是他住過的？更不用提屋子裡怎麼個情形，他住著時怎麼個情形了。要憑弔，要留連，只好在街上站一會兒出出神而已。

西方人崇拜英雄可真當回事兒，名人故宅往往保存得好。譬如莎士比亞吧，老宅子、新宅子，太太、老太太宅子，都好好的，連家具什物都存著。莎士比亞也許特別些，就是別人，若有故宅可認的話，至少也在牆上用木牌標明，讓訪古者有低徊之處；無論宅裡住著人或已經改了鋪子。這回在倫敦所見的四文人宅，時代近，宅內情形比莎士比亞的還好；四所宅子大概都由私人捐款收買，布置起來，再交給公家的。

約翰生博士（Samuel Johnson，一七〇九至一七八四）宅，在舊城，是三層樓房，在一個小方場的一角上，靜靜的。他一七四八年進宅，直住了十一年；他太太死在這裡。他的助手就在三層樓上小層裡編成了他那部大字典。那部寓言小說（alle-gorical novel）《刺塞拉斯》[9]（*Rasselas*）大概也在這屋子裡寫成；是晚上寫的，只寫了一禮拜，爲的要付母親下葬的費用。屋裡各處，如門堂、複壁板、樓梯、碗櫥、廚房等，無不古氣盎然。那著名的大字典陳列在樓下客室裡；是第三版，厚厚的兩大冊。他編著這部字典，意在保全英語的純粹，並確定字義；因爲當時作家採用法國字的實在太多了。字典中所定字義有些很幽默：如「女詩人，母詩人也」（she-poet，蓋準she-goat—母山羊—字例），又如「燕麥，穀之一種，英格蘭以飼馬，而蘇格蘭則以爲民食也」，都夠損的。——倫敦約翰生社便用這宅子作會所。

[9] 今譯名爲《雷塞拉斯》。

濟茲[10]（John Keats，一七九五至一八二一）宅，在市北漢姆司臺德區[11]（Hampstead）。他生卒雖然都不在這屋子裡，可是在這兒住，在這兒戀愛，在這兒受人攻擊，在這兒寫下不朽的詩歌。那時漢姆司臺德區還是鄉下，以風景著名，不像現時人煙稠密。濟茲和他的朋友布朗（Charles Armitage Brown）同住。屋後是個大花園，綠草繁花，靜如隔世；中間一棵老梅樹，一九二一年乾死了，幹子還在。據布朗的追記，濟茲〈夜鶯歌〉[12]似乎就在這棵樹下寫成。布朗說：「一八一九年

[10] 今譯名爲濟慈。
[11] 今譯名爲漢普斯特。
[12] 今譯名爲「夜鶯頌」。

春天，有隻夜鶯做窠在這屋子近處。濟茲常靜聽牠歌唱以自怡悅；一天早晨吃完早飯，他端起一張椅子坐到草地上梅樹下，直坐了兩三點鐘。進屋子的時候，見他拿著幾張紙片兒，塞向書後面去。問他，才知道是歌詠我們的夜鶯之作。」這裡說的梅樹，也許就是花園裡那一棵。但是屋前還有草地，地上也是一棵三百歲老桑樹，枝葉扶疏，至今結桑椹；有人想《夜鶯歌》也許在這棵樹下寫的。濟茲的好詩在這宅子裡寫的最多。

他們隔壁住過一家姓布龍（Brawne）的。有位小姐叫凡耐（Fanny），讓濟茲愛上了，他倆訂了婚，他的朋友頗有人不以爲然，爲的女的配不上；可是女家也大不樂意，爲的濟茲身體弱，又像瘋瘋癲癲的。濟茲自己寫小姐道：「她個兒和我差不多——長長的臉蛋兒——

多愁善感——頭梳得好——鼻子不壞，就是有點小毛病——嘴有壞處有好處——臉側面看好，正面看，又瘦又少血色，像沒有骨頭。身架苗條，姿態如之——胳膊好，手差點兒——腳還可以——她不止十七歲，可是天真爛漫——舉動奇奇怪怪的，到處跳跳蹦蹦，給人編諢名，近來愣叫我『自美自的女孩子』——我想這並非生性壞，不過愛鬧一點漂亮勁兒罷了。」

一八二〇年二月，濟茲從外面回來，吐了一口血。他母親和三弟都死在癆病上，他也是個癆病底子；從此便一天壞似一天。這一年九月，他的朋友賽焚（Joseph Severn）伴他上羅馬去養病；次年二月就死在那裡，葬新教墳場，才二十六歲。現在這屋子裡陳列著一圈頭髮，大約是賽焚在他死後從他頭上剪下來的。又次年，賽焚向人談起，說他保存著可憐的濟茲一點頭髮，等個朋友捎回英國去；他說他有個怪想頭，想照他的希臘琴的樣子做根別針，就用濟茲頭髮當弦子，送給可憐的布龍小姐，只恨找不到這樣的手藝人。濟茲頭髮的顏色在各人眼裡不大一樣：有的說赤褐色，有的說棕色，有的說暖棕色，他二弟兩口子說是金紅色，賽梵追畫他的像，卻又畫作深厚的棕黃色。布龍小姐的頭髮，這兒也有一併存著。

他倆訂婚戒指也在這兒，鑲著一塊紅寶石。還有一冊仿四折本《莎士比亞》，是濟茲常用的。他對於莎士比亞，下過一番苦工夫；書中頁邊行裡都畫著道兒，也有些精湛的評語。空白處親筆寫著他見密爾頓和獨坐重讀《黎琊王》劇作兩首詩；書名頁上記著「給布龍凡耐，一八二〇」，照年分看，準是上義大利去時送了作紀念的。珂羅版印的

〈夜鶯歌〉墨跡，有一份在這兒，另有哈代〈漢姆司臺德宅作〉一詩手稿，是哈代夫人捐贈的，宅中出售影印本。濟茲書法以秀麗勝，哈代的以蒼老勝。

這屋子保存下來卻並不易。一九二一年，業主想出售，由人翻蓋招租，地段好，脫手一定快的；本區市長知道了，趕緊組織委員會募款一萬鎊。款還募得不多，投機的建築公司已經爭先向業主講價錢。在這千鈞一髮的當兒，虧得市長和本區四位委員迅速行動，用私人名義擔保付款，才得挽回危局。後來共收到捐款四千六百五十鎊（約合七八萬元），多一半是美國人捐的；那時正當大戰之後，爲這件事在英國募款是不容易的。

加萊爾（Thomas Carlyle，一七九五至一八八一）宅，在泰晤士河旁乞而西區（Chelsea）；這一區至今是文人藝士薈萃之處。加萊爾是維多利亞時代初期的散文家，當時號爲「乞而西聖人」。一八三四年住到這宅子裡，一直到死。書房在三層樓上，他最後一本書《弗來德力大帝傳》就在這兒寫的。這間房前面臨街，後面是小園子；他讓前後都砌上夾牆，爲的怕那街上的囂聲，園中的雞叫。他著書時坐的椅子還在；還有一件呢浴衣。據說他最愛穿浴衣，有不少件；蘇格蘭國家畫院所藏他的畫像，便穿著灰呢浴衣，坐在沙發上讀書，自有一番寬舒的氣象。畫中讀書用的架子還可看見。宅裡存著他幾封信，女司事願意念給訪問的人聽，朗朗有味。二樓加萊爾夫人屋裡放著架小屏，上面橫的、豎的、斜的、正的貼滿了世界各處風景和人物的畫片。

迭更斯（Charles Dickens，一八一二至一八七〇）宅，在「西頭」，現在是熱鬧地方。迭更斯出身貧賤，熟悉下流社會情形；他小說裡寫這種情形，最是酣暢淋漓之至。這使他成爲「本世紀最通俗的小說家，又，英國大幽默家之一」，如他的老友浮斯大（John Forster）給他作的傳開端所說。他一八三六年動手寫《比克維克祕記》[13]（*Pickwick Papers*），在月刊上發表。起初是紳士比克維克等行獵故事，不甚爲世所重；後來僕人山姆（Sam Weller）出現，詼諧嘲諷，百變不窮，那月刊頓時風行起來。迭更斯手頭漸寬，這才遷入這宅子裡，時在一八三七年。

他在這裡寫完了《比克維克祕記》，就是這一年印成單行本。他

[13] 今譯名爲「匹克威克外傳」。

算是一舉成名，從此直到他死時，三十四年間，總是蒸蒸日上。來這屋子不多日子，他借了一個飯店舉行《祕記》發表週年紀念，又舉行他夫婦結婚週年紀念。住了約莫兩年，又寫成《塊肉餘生述》[14]、《滑稽外史》等。這其間生了兩個女兒，房子擠不下了；一八三九年終，他便搬到別處去了。

屋子裡最熱鬧的是畫，畫著他小說中的人物，牆上大大小小，突梯滑稽，滿是的。所以一屋子春氣。他的人物雖只是類型，不免奇幻荒唐之處，可是有眞味，有人味；因此這麼讓人歡喜讚嘆。屋子下層一間廚房，所謂「丁來谷廚房」，道地老式英國廚房，是特地布置起來的——

[14] 今譯名爲「塊肉餘生錄」。

「丁來谷」是比克維克一行下鄉時寄住的地方。廚房架子擺放著帶釉陶器，也都畫著迭更斯的人物。這宅裡還存著他的手杖、頭髮；一朵玫瑰花，是從他屍身上取下來的；一塊小窗戶，是他十一歲時住的樓頂小屋裡的；一張書桌，他帶到美洲去過，臨死時給了二女兒，現時罩著紫色天鵝絨，滿伶俐的。此外有他從這屋子寄出的兩封信，算回了老家。

這四所宅子裡的東西，多半是人家捐贈；有些是特地買了送來的。也有借得來陳列的。管事的人總是在留意搜尋著，頗爲苦心熱腸。經常用費大部靠基金和門票、指南等餘利；但門票賣的並不多，指南照顧的更少，大約維持也不大容易。

格雷（Thomas Gray，一七一六至一七七一）以《挽歌辭》（*Elegy Written in a Country Churchyard*）著名。原題中所云「作於鄉

村教堂墓地中」，指司妥克波忌士（Stoke Poges）的教堂而言。詩作於一七四二年格雷二十五歲時，成於一七五〇年，當時詩人懷古之情、死生之感、親近自然之意，詩中都委婉達出，而句律精妙，音節諧美，批評家以爲最足代表英國詩，稱爲詩中之詩。詩出後，風靡一時，誦讀模擬，遍於歐洲各國；歷來引用極多，至今已成爲英美文學教育的一部分。司妥

克波忌士在倫敦西南，從那著名的溫澤堡[15]（Windsor Castle）去是很近的。四月一個下午，微雨之後，我們到了那裡。一路幽靜，似乎鳥聲也不大聽見。拐了一個小彎兒，眼前一片平鋪的碧草，點綴著稀疏的墓碑；教堂木然孤立，像戲臺上布景似的。小路旁一所小屋子，門口有小木牌寫著格雷陳列室之類。出來一位白髮老人，殷勤地引我們去看格雷墓，長方形，特別大，是和他母親、姨母合葬的，緊挨著教堂牆下。又看水松樹（yew-tree），老人說格雷在那樹下寫《挽歌辭》來著；《挽歌辭》裡提到水松樹，倒是確實的。我們又兜了個大圈子，才回到小屋裡，看《挽歌辭》眞跡的影印本。還有幾件和格雷關係很疏的舊東西。

[15] 今譯名爲溫莎城堡。

屋後有井，老人自己汲水灌園，讓我們想起「灌園叟」來；臨別他送我們每人一張教堂影片。

一九三五年三月二十一日至二十三日作

博物院

倫敦的博物院帶畫院，只揀大的說，足足有十個之多。在巴黎和柏林，並不「覺得」博物院有這麼多似的。柏林的本來少些；巴黎的不但不少，還要多些，但除盧佛宮外，都不大。最要緊的，倫敦各院陳列得有條有理的，又疏朗，房屋又亮，得看；不像盧佛宮，東西那麼擠，屋子那麼黑，老教人喘不出氣。可是，倫敦雖然得看，說起來也還是千頭萬緒；眞只好揀大的說罷了。

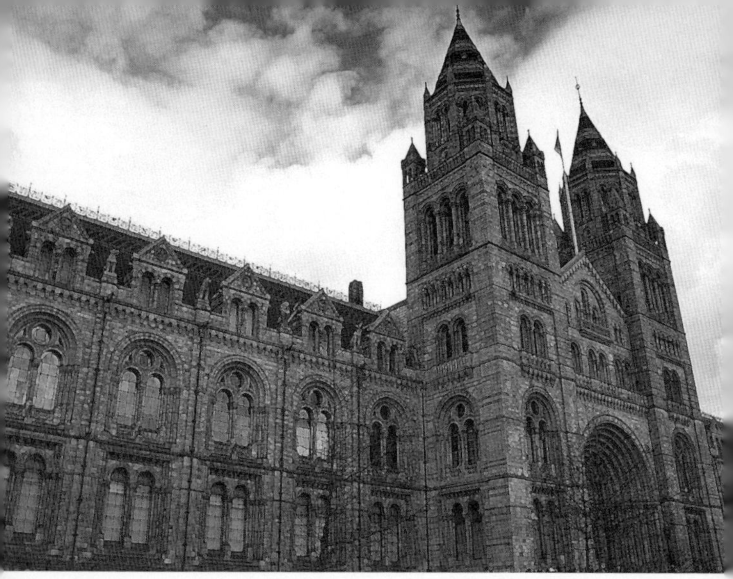

先看西南角。維多利亞亞伯特院[16]最爲堂皇富麗。這是個美術博物院，所收藏的都是美術史材料，而裝飾用的工藝品尤多，東方的西方的都有。漆器、瓷器、家具、織物、服裝、書籍裝訂，道地五光十色。這裡頗有中國東西，漆器瓷器玉器不用說，壁畫佛像、羅漢木像，還有乾隆寶座也都見於該院的「東方百珍圖錄」裡。圖錄裡還有明朝李麟

[16] 今譯名爲維多利亞與亞伯特博物館。

（原作Li Ling，疑係此人）畫的《波羅球戲圖》；波羅球騎著馬打，是唐朝從西域傳來的。中國現在似乎沒存著這種畫。院中賣石膏像，有些眞大。

自然史院[17]是從不列顛博物院分出來的。這裡才眞古色古香，也才眞「巨大」。看了各種史前人的模型，只覺得遠煙似的時代，無從憑弔，無從懷想——滿夠不上分兒。中生代大爬蟲的骨架，昂然站在屋頂下，人還夠不上牠們一條腿那麼長，不用提「項背」了。現代鯨魚的標本雖然也夠大的，但沒腿，在陸居的我們眼中就差多了。這裡有夜鶯，自然是死的，那樣子似乎也並不特別秀氣；嗓子可眞脆眞圓，我在話匣

[17] 今譯名爲自然史博物館。

片裡聽來著。

歐戰院成立不過十來年。大戰各方面，可以從這裡略見一斑。這裡有模型，有透視畫（dioramas），有照相，有電影機，有槍炮等等。但最多的還是畫。大戰當年，英國情報部僱用一群少年畫家，教他們擱下自己的工作，大規模的畫戰事畫，以供宣傳，並作爲歷史紀錄。後來少年畫家不夠用，連老畫家也用上了。那時情報部常常給這些畫家開展覽會，個人的或合夥的。歐戰院的畫便是那些展覽作品的一部分。少年畫家大約都是些立體派，和老畫家的浪漫作風迴乎不同。這些畫家都透視了戰爭，但他們所成就的卻只是歷史紀錄，藝術是沒有什麼的。

現在該到西頭來，看人所熟知的不列顛博物院[18]了。考古學的收藏、名人文件、抄本和印本書籍，都數一數二；顧愷之《女史箴》卷子和敦煌卷子便在此院中。瓷器也不少，中國的、土耳其的，歐洲各國的都有；中國的不用說，土耳其的青花，

[18] 今另有一譯名爲大英博物館。

渾厚樸拙，比歐洲金的、藍的，或刻鏤的好。考古學方面，埃及王拉米塞斯第二（約西元前一二五〇年）巨大的花崗石像，幾乎有自然史院大爬蟲那麼高，足爲我們揚眉吐氣；也有坐像。坐立像都僵直而四方，大有雖地動山搖不倒之勢。這些像的石質尺寸和形狀，表示統治者永久的超人的權力。還有貝葉的《死者的書》，用象形字和俗字兩體寫成。羅塞他石，用埃及兩體字和希臘文刻著詔書一通（西元前一九五年），一七九八年出土；從這塊石頭上，學者比對希臘文，才讀通了埃及文字。

希臘巴昔農廟[19]（Parthenon）各件雕刻，是該院最足以自豪的。這

[19] 今譯名爲帕德嫩神廟。

個廟在雅典，奉祀女神雅典巴昔奴；配利克里斯[20]（Pericles）時代，教成千帶萬的藝術家，用最美的大理石，重建起來，總其事的是配氏的好友兼顧問，著名雕刻家費迪亞斯[21]（Phidias）。那時物阜民豐，費了二十年工夫，到了西元前四三五年才造成。廟是長方形，有門無窗；或單行或雙行的石柱圍繞著，像女神的馬隊一般。短的兩頭，柱上承著三角形的楣；這上面都雕著像。廟牆外上部，是著名的刻壁。廟在一六八七年讓威尼斯人炸毀了一部分；一八〇一年，愛而近伯爵從雅典人手裡將三角楣上的像、刻壁，和些別的買回英國，費了七萬鎊，約合

[20] 今譯名爲伯里克利。
[21] 今譯名爲菲迪亞斯。

百多萬元；後來轉賣給這博物院，卻只要一半價錢。院中特設了一間愛而近室陳列那些藝術品，並參考巴黎國家圖書館所藏的巴昔農廟諸圖，做成廟的模型，巍巍然立在石山上。

希臘雕像與埃及大不相同，絕無僵直和緊張的樣子。那些藝術家比較自由，得以研究人體的比例；骨架、肌理、皮肉，他們都懂得清楚，而且有本事表現出來。又能抓住要點，使全體和諧不亂。無論坐像立像，都自然、莊嚴，造成希臘藝術的特色：清明而有力。當時運動競技極發達；藝術家雕神像，常以得獎的人為「模特兒」，赤裸裸的身體裡充滿了活動與力量。可是究竟是神像，所以不能是如實的人像而只是理想的人像。這時代所缺少的是熱情、幻想；那要等後世藝人去發展了。廟的東楣上運命女神三姊妹像，頭已經失去了，可是那衣褶如水的輕妙，衣褶下身體的充盈，也從繁複的光影中顯現，幾乎不相信是石人。那刻壁浮雕著女神節貴家少女獻衣的行列。少女們穿著長袍、莊嚴的衣褶，和命運女神的又不一樣，手裡各自拿著些東西；後面跟著成隊的老人、婦女、雄赳赳的騎士，還有帶祭品的人，齊向諸神而進。諸神清明徹骨，在等待著這一行人眾。這刻壁上那麼多人，卻不繁雜、不零散，打成一片，布局時必然煞費苦心。而細看諸少女、諸騎士，也各有精神，絕不一律；其間刀鋒或深或淺，光影大異。少壯的騎士更像生龍活虎，千載如見。

院中所藏名人的文件太多了。像莎士比亞押房契、密爾頓出賣[22]

[22] 今譯名爲彌爾頓。

《失樂園》合同（這合同是書記代簽，不出密氏親筆）、巴格來夫（Palgrave）《金庫集》稿，格雷《挽歌》稿、哈代《苔絲》稿，達文齊[23]、密凱安傑羅[24]的手冊，還有維多利亞后四歲時鉛筆簽字，都親切有味。至於荷馬史詩的貝葉，西元一世紀所寫，在埃及發現的，以及九世紀時希伯來文《舊約聖經》殘頁，據說也許是世界上最古《聖經》鈔本的，卻眞令人悠然遐想。還有，二世紀時，羅馬艦隊一官員，向兵丁買了一個七歲的東方小兒爲奴，立了一張貝葉契，上端蓋著泥印七顆；和英國大憲章的原本，很可比著看。院裡藏的中古鈔本也不少；那時歐洲

[23] 今譯名爲達文西。

[24] 今譯名爲米開朗基羅。

僧侶非常閒，日以抄書爲事；字用峨特體，多稜角，精工是不用說的。他們最考究字頭和插畫，必然細心勾勒著上鮮麗的顏色，藍和金用得多些；顏色也選得精，至今不變。某抄本有歲歷圖，二幅，畫十二月風俗，細緻風華，極爲少見。每幅下另有一欄，畫種種遊戲，人物短小，卻也滑稽可喜。畫目如下：正月，析薪；二月，炬舞；三月，種花，伐木；四月，情人園會；五月，蕩舟；六月，比武；七月，行獵，刈麥；八月，穫稻；九月，釀酒；十月，耕種；十一月，獵歸；十二月，屠豕。鈔本和印本書籍之多，世界上只有巴黎國家圖書館可與這博物院相比；此處印本共三百二十萬餘冊。有穹窿頂的大閱覽室，圓形，室中桌子的安排，好像車輪的輻，可坐四百八十五人；管理員高踞在轂中。

次看畫院。國家畫院[25]在西中區鬧市口，匹對著特拉伐加方場一百八十四英尺高的納爾遜石柱子。院中的畫不算很多，可是足以代表歐洲畫史上的各派，他們自詡，在這一方面，世界上哪兒也及不上這裡。最完全的是義大利十五六世紀的作品，特別是佛羅倫司

[25] 今譯名爲國家畫郎。

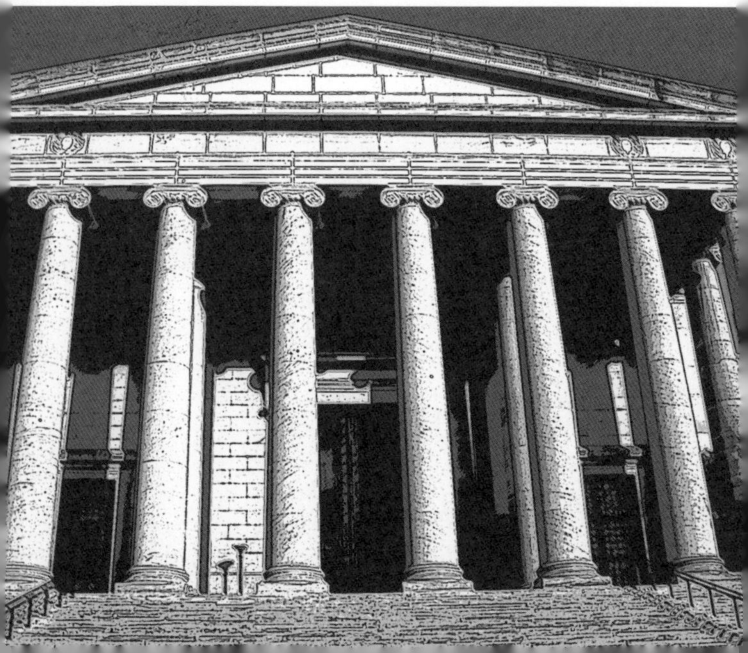

派，大約除了義大利本國，便得上這兒來了。畫按派別排列，可也按著時代。但是要看英國美術，此地不成，得上南邊兒泰特（Tate）畫院去。那畫院在泰晤士河邊上；一九二八年水上了岸，給浸壞了特耐爾[26]（Joseph Malord-William Turner，一七七五至一八五一）好多畫，最可惜。特耐爾是十九世紀英國最大的風景畫家，也是印象派的先鋒。他是個窮苦的孩子，小時候住在萊市旁的陋巷裡，常只在泰晤士河的碼頭和駁船上玩兒。他對於泰晤士河太熟了，所以後來愛畫船，畫水，畫太陽光。再後來他費了二十多年工夫專研究光影和色彩，輪廓與內容差不多全不管；這便做了印象派的前驅了。他畫過一幅《日出：灣頭堡子》，

[26] 今譯名爲透納。

那堡子淡得只見影兒，左手一行樹，也只有樹的意思罷了；可是，瞧，那金黃的朝陽的光，順著樹水似的流過去，你只覺著溫暖，只覺著柔和，在你的身上，那光卻又像一片海，滿處都是的，可是閃閃爍爍，儀態萬千，教你無從捉摸，有點兒著急。

特耐爾以前，堅士波羅（Gainsborough，一七二七至一七八八）是第一個人脫離荷蘭影響，用英國景物作風景畫的題材；又以畫像著名。何嘉士[27]（Hogarth，一六九七至一七六四）畫了一套《結婚式》，又生動又親切，當時刻板流傳，風行各處，現存在這畫院中。美國大畫家惠斯勒（Whistler）稱他為英國僅有的大畫家。雷諾爾茲（Reynolds，

[27] 今譯名為賀加斯。

一七二三至一七九二）的畫像，與堅士波羅並稱。畫像以性格與身分為主，第一當然要像。可是從看畫者一面說，像主若是歷史上的或當代的名人，他們的性格與身分，多少總知道些，看起來自然有味，也略能批評得失。若只是平凡的人，憑你怎樣像，陳列到畫院裡，怕就少有去理會的。因此，畫家為維持他們永久的生命計，有時候重視技巧，而將「像」放在第二著。雷諾爾茲與堅士波羅似乎就是這樣的人。他們畫的像，色調鮮明而縹緲。莊嚴的男像、華貴的女像、優美活潑的孩子像，都算登峰造極；可就是不大「像」。堅氏的女像總太瘦；雷氏的不至於那麼瘦，但是像主往往退回他的畫，說太不像。——國家畫院旁有個國家畫像院，專陳列英國歷史上名人的像，文學家、藝術家、科學家、政治家、皇族，應有盡有，約共二千一百五十人。油畫是大宗，排列依著時代。這兒也看見雷堅二氏的作品；但就全面而論，歷史比藝術多的多。

泰特畫院中還藏著詩人勃來克[28]（William Blake，一七五七至一八二七）和羅塞蒂（Dante Gabriel Rossetti，一八二三至一八八二）的畫。前一位是浪漫詩人的先驅，號稱神祕派。自幼兒想像多，都表現在詩與畫裡。他的圖案非常宏偉，色彩也如火焰，如一飛沖天的翅膀。所畫的人體並不切實，只用作表現姿態，表現動的符號而已。後一位是先拉斐爾派的主角；這一派是詩與畫雙管齊下的。他們不相信「爲藝術的藝術」，而以知識爲重。畫要敘事，要教訓，要接觸民眾的心，讓他

[28] 今譯名爲布萊克。

們相信美的新觀念；畫筆要細膩，顏色卻不必調和。羅氏作品有著清明的調子、強厚的感情；只是理想雖高，氣韻卻不夠生動似的。

當代英國名雕塑家愛勃斯坦（Jacob Epstein）也有幾件東西陳列在這裡。他是新派的浪漫雕塑家。這派人要在形體的部分中去找新的情感力量；那必是不尋常的部分，足以擴展他們自己情感或感覺的經驗的。他們以爲這是美，誇張的表現出來；可是俗人卻覺得人不像人，物不像物，覺得醜，只認爲滑稽畫一類。愛氏雕石頭，但是塑泥似乎更多；塑泥的表面，決不刮光，就讓那麼凸凸凹凹的堆著，要的是這股勁兒。塑完了再倒銅。——他也賣素描，形體色調也是那股浪漫勁兒。

以上只有不列顛博物院的歷史可以追溯到十八世紀，別的都是十九世紀建立的，但歐戰院除外。這些院的建立，固然靠國家的力量，卻也靠私人的捐助——捐錢蓋房子或捐自己的收藏的都有。各院或全不要門票，像不列顛博物院就是的；或一禮拜中兩天要門票，票價也極低。他們印的圖片及專冊，廉價出售，數量驚人。又差不多都有定期的講演，一面講一面領著看；雖然講的未必怎樣精，聽講的也未必怎樣多。這種全爲了教育民眾，用意是值得我們佩服的。

一九三六年十月十九日作

公園

英國是個尊重自由的國家，從倫敦海德公園（Hyde Park）可以看出。學政治的人一定知道這個名字；近年日報的海外電訊裡也偶然有這個公園出現。每逢星期日下午，各黨各派的人都到這兒來宣傳他們的道理。公說公有理，婆說婆有理，井水不犯河水。從耶穌教到共產黨，差不多樣樣有。每一處說話的總是一個人。他站在桌子上、椅子上，或是別的什麼上，反正在聽眾當中露出那張嘴臉就成；這些桌椅等等可得他們自己預備，公園裡的長椅子是只讓人歇著的。聽的人或多或少。有一

回一個講耶穌教的，沒一個人聽，卻還打起精神在講；他盼望來來去去的遊人裡也許有一兩個三四個五六個……愛聽他的，只要有人駐一下腳，他的口舌就算不白費了。

見過一回共產黨示威，演說的東也是，西也是；有的站在大車上，頗有點巍巍然。按說那種馬拉的大車平常不讓進園，這回大約辦了個特許。其中有個女的約莫四十上下，嗓子最大，說的也最長；說的是倫敦土話，凡是開口音，總將嘴張到不能再大的地步，一面用胳膊助勢。說到後來，嗓子沙了，還是一字不苟的喊下去。天快黑了，他們整隊出園喊著口號，標語旗幟也是五光十色的。隊伍兩旁，又高又大的馬巡緩緩跟著，不說話。出的是北門，外面便是熱鬧的牛津街。

北門這裡一片空曠的沙地，最宜於露天演說家，來的最多。也許就在共產黨隊伍走後吧，這裡有人說到中日的事；那時剛過「一二八」不久，他頗為我們抱不平。他又讚美甘地；卻與賈波林相提並論，說賈波林也是為平民打抱不平的。這一比將聽眾引得笑起來了；不止一個人和他辯論，一位老太太甚至嘀咕著掉頭而去。這個演說的即使不是共產黨，大約也不是「高等」英人吧。公園裡也鬧過一回大事：一八六六年國會改革的暴動（勞工爭選舉權），周圍鐵欄杆毀了半里多路長，警察受傷了二百五十名。

公園周圍滿是鐵欄杆，車門九個，遊人出入的門無數，占地二千二百多畝，繞園九里，是倫敦公園中最大的，來的人也最多。園南北都是鬧市，園中心卻靜靜的。灌木叢裡各色各樣野鳥，清脆的、繁碎的語聲，夏天綠草地上，潔白的綿羊的身影，教人像下了鄉，忘記在世界大城裡。那草地一片迷濛的綠，一片芊綿的綠，像水，像煙，像夢；難得的，冬天也這樣。西南角上蜿蜒著一條蛇水，算來也占地三百畝，養著好些水鳥，如蒼鷺之類。可以搖船，游泳；並有救生會，讓下水的人放心大膽。這條水便是雪萊的情人西河女士（Harri-Det Westbrook）自沉的地方，那是一百二十年前的事了。

南門內有拜倫立像，是五十年前希臘政府捐款造的；又有座古英雄阿契來斯像，是惠靈頓公爵本鄉人造了來紀念他的，用的是十二尊法國炮的銅，到如今卻有一百多年了。還有英國現負盛名的雕塑家愛勃司坦（Epstein）的壁雕，是紀念自然學家赫德生的。一個似乎要飛的人，張著臂，仰著頭，散著髮，有原始的樸拙獷悍之氣，表現的是自然精神的化身；左右四隻鳥在飛，大小旁正都不相同，也有股野勁兒。這件雕刻的價值，引起過許多討論。南門內到蛇水邊一帶遊人最盛。夏季每天上午有銅樂隊演奏；在欄外聽算白饒，進欄得花點票錢，但有椅子坐。遊人自然步行的多，也有跑車的，騎馬的；騎馬的另有一條「馬」路。

這園子本來是鹿苑，在裡面行獵；一六三五年英王查理斯第一才將它開放，作賽馬和競走之用。後來變成決鬥場。一八五一年第一次萬國博覽會開在這裡，用玻璃和鐵搭蓋的會場；閉會後拆了蓋在別處，專作展覽的處所，便是那有名的水晶宮了。蛇水本沒有，只有六個池子；是十八世紀初葉才打通的。

海德公園東南差不多毗連著的，是聖詹姆士公園（St. Jamca's Park），約有五百六七十畝。本是沮洳的草地，英王亨利第八抽了水，砌了圍牆，改成鹿苑。查理斯第二擴充園址，鋪了路，改爲遊玩的地

方；以後一百年裡，便成了倫敦最時髦的散步場。十九世紀初才改造爲現在的公園樣子。有湖，有懸橋；湖裡鵜鶘最多，倚在橋欄上看牠們水裡玩兒，可以消遣日子。周圍是白金罕宮[29]、西寺[30]、國會，各部官署，都是最忙碌的所在；倚在橋欄上的人卻能偷閒賞鑑那西寺和國會的戈昔式[31]尖頂的輪廓，也算福氣了。

海德公園東北有攝政公園，原也是鹿苑；十九世紀初「攝政王」（後爲英王喬治第四）才修成現在樣子。也有湖，搖的船最好；座位下

[29] 今譯名爲白金漢宮。
[30] 今譯名爲西敏寺。
[31] 今譯名爲哥德式。

有小輪子，可以進退自如，滾來滾去頂好玩兒的。野鴿子、野鳥很多，松鼠也不少。松鼠原是動物園那邊放過來的，只幾對罷了；現在卻繁殖起來了。常見些老頭兒帶著食物到園裡來餵麻雀、鴿子、松鼠。這些小東西和人混熟了，大大方方到人手裡來吃食，看去怪親熱的。別的公園裡也有這種人。這似乎比提鳥籠有意思些。

動物園在攝政園東北犄角上，屬於動物學會，也有了百多年的歷史。蒐集最完備，有動物四千，其中哺乳類八百，鳥類二千四百。去逛的據說每年超過二百萬人。不用問孩子們去的一定不少；他們對於動物比成人親近得多，關切得多。只看見教科書上或字典上的彩色動物圖，就夠琢磨的，不用提實在的東西了。就是成人，可不也願意開開眼，看看沒看過的，山裡來的，海裡來的，異域來的，珍禽、奇獸、怪魚？要沒有動物園，或許一輩子和這些東西都見不著面呢。再說像獅子、老虎，哪能隨便見面！除非打獵或看馬戲班。但打獵遇著這些，正是拚死活的時候，哪裡來得及玩味牠們的生活狀態？馬戲班裡的呢，也只表演些扭捏的玩意兒，時間又短，又隔得老遠的，哪有動物園裡的自然，得看？這還只說的好奇的人；藝術家更可仔細觀察研究，成功新創作，如畫和雕塑，十九世紀以來，用動物爲題材的便不少。近些年電影裡的動物趣味，想來也是這麼培養出來的；不過那卻非動物園所可限了。

倫敦人對動物園的趣味很大，有的報館專派有動物園的訪員，給園中動物作起居住，並報告新來到的東西；他們的通信有些地方就像童話一樣。去動物園的人最樂意看餵食的時候，也便是動物和人最親近的時候。餵食有時得用外交手腕，譬如魚池吧，若隨手將食撒下去，

讓大家來搶，游得快的，厲害的，不用說占了便宜，剩下的便該活活餓死了。這當然不公道，那一視同仁的管理人一定不願意的。他得想法子，比方說，分批來餵，那些快的，厲害的，吃完了，便用網將牠們攔在一邊，再照料別的。各種動物餵食都有一定鐘點，著名的裴歹克《倫敦指南》便有一節專記這個。孩子們最樂意的還有騎象，騎駱駝（駱駝在倫敦也算異域珍

奇）。再有，遊客若能和管理各動物的工人攀談攀談，他們會親切地講這個、那個動物的故事給你聽，像傳記的片段一般；那時你再去看他說的那些東西，便更有意思了。

園裡最好玩兒的事，黑猩猩茶會、白熊洗澡。茶會夏天每日下午五點半舉行，有茶，有牛油麵包。牠們會用兩隻前足，學人的樣子。有時「生手」加入，卻往往只用一隻前足，牛油也是它來，麵包也是它來；這種雖是天然，看的人倒好笑了。白熊就是北極熊，從冰天雪地裡來，卻最喜歡夏天；越熱越高興，赤日炎炎的中午，牠們能整個兒躺在太陽裡。也愛下水洗澡，身上老是雪白。牠待在熊臺上，有深溝爲界；臺旁有池，洗澡便在池裡。池的一邊，隔著一層玻璃可以看牠們載浮載沉的姿勢。但是一冷到華氏表五十度下，就不肯下水，身上的白雪也便慢慢讓塵土封上了。

非洲南部的企鵝也是人們特別樂意看的。牠有一歲半嬰孩這麼大，不會飛，會下水，黑翅膀，灰色胸脯子挺得高高的，昂首緩步，旁若無人。牠的特別處就在乎直立著。比鵝大不多少，比鴕鳥、鶴，小得多，可是一直立就有人氣，便當另眼相看了。自然，別的鳥也有直立著的，可是太小了，說不上。企鵝又拙得好，現代裝飾圖案有用牠的。只是不耐冷，一到冬天，便沒精打采的了。

魚房、鳥房也特別值得看。魚房分淡水房、海水房、熱帶房（也是淡水）。屋內黑洞洞的，壁上嵌著一排鏡框似的玻璃，橫長方。每框裡一種魚，在水裡游來游去，都用電燈光照著，像畫。鳥房有兩處，熱帶房裡顏色聲音最豐富，最新鮮；有種上截脆藍下截褐紅的小鳥，不住地飛上飛下，不住地咕咕呱呱，怪可憐見的。

這個動物園各部分空氣光線都不錯，又有冷室溫室，給動物很周到的設計。只是才二百畝地，實在施展不開，小東西還罷了，像獅子、老虎老是關在屋裡，未免委屈英雄，就是白熊等物雖有特備的臺子，還是局蹐得很；這與鳥籠子也就差得有限了。固然，讓這些動物完全自由，那就無所謂動物園；可是若能給牠們較大的自由，讓牠們活得比較自然些，看的人豈不更得看些。所以一九二七年上，動物學會又在倫敦西北惠勃司奈得（Whipsnade, Bedfordshire）地方成立了一所動物園，有三千多畝；據說，那些龐然大物自如多了，遊人看起來也痛快多了。

以上幾個園子都在市內，都在泰晤士河北。河南偏西有個大大有名的邱園（Kew Gardens），卻在市外了。邱園正名「王家植物園」，世界最重要、最美麗的植物園之一：大一千七百五十畝，栽培的植物在二萬四千種以上。這園子現在歸農部所管，原也是王室的產業，一八四一年捐給國家；從此起手研究經濟植物學和園藝學，便漸漸著名了。他們編印大英帝國植物志，又移種有用的新植物於帝國境內——如西印度群島的波羅蜜、印度的金雞納霜，都是他們介紹進去的。園中博物院四所；第二所經濟植物學博物院設於一八四八，是歐洲最早的一個。

但是外行人只能賞識花木風景而已。水仙花最多，四月尾有所謂「水仙花禮拜日」，遊人盛極。溫室裡奇異的花也不少。園裡有什麼好花正開著，門口通告牌上逐日都列著表。暖氣室最大，分三部：喜馬拉耶室養著石楠和山茶，中國石楠也有，小些；中部正面安排著些大鳳尾樹和棕櫚樹；鳳尾樹眞大，得仰起脖子看，伸開兩隻胳膊還不夠它寬的。周圍繞著些時花與灌木之類。另一部是墨西哥室，似乎沒有什麼特別的東西。

東西角上一座塔，可不能上：十層，一百五十五尺，造於十八世紀中，那正是中國文化流行歐洲的時候，也許是中國的影響吧。據說還有座小小的孔子廟，但找了半天，沒找著。不遠兒倒有座彩繪的日本牌坊，所謂「敕使門」[32]的，那卻造了不過二十年。從塔下到一個人工的湖有一條柏樹甬道，也有森森之意；可惜樹太細瘦，比起我們中山公

[32] 即是指寺院門。

園，眞是小巫見大巫了。所謂「竹園」更可憐，又不多，又不大，也不秀，還趕不上西山大悲庵那些。

一九三五年十二月十二日作

加爾東尼市場

在北平住下來的人，總知道逛廟會、逛小市的趣味。你來回蹓著，這兒看看，那兒站站；有中意的東西，磋磨磋磨價錢，買點兒回去讓人一看，說眞好；再提價錢，說哪有這麼巧的。你這一樂，可沒白辛苦一趟！要什麼都沒買成，那也不礙；就憑看中的一兩件、三四件東西，也夠你講講說說的。再說在市上留連一會子，到底過了「蘑菇」的癮，還有什麼抱怨的？

倫敦人紛紛上加爾東尼市場（Caldonian Market），也正是這股勁兒。房東太太客廳裡爐臺兒上放著一個手榴彈殼，是盛菸灰用的。比甜瓜小一點，面上擦得精亮，方方的小塊兒，界著又粗又深的黑道兒，就是鑾得好，傻得好。房東太太說還是她家先生在世時逛加爾東尼市場買回來的。她說這個市場賣舊貨，可以還價，花樣不少，有些是偷來的，倒也有好東西；去的人可眞多。市場只在星期二、星期五上午十時至下午四時開放，有些像廟會；市場外另有幾家舊書、舊貨鋪子，卻似乎常做買賣，又有些像小市。

先到外頭一家舊書鋪。沒窗沒門。仰面灰蓬蓬的，土地剛下完雨，門口還積著個小小水潭兒。從亂書堆中間進去，一看倒也分門別類的。「文學」在裡間，空氣變了味，撲鼻子一陣陣的——到如今三年了，不忘記，可也叫不出什麼味。《聖經》最多，整整一箱子。不相干的小說左一堆右一堆；卻也挑出了一本莎翁全集，幾本正正經經詩選。莎翁全集當然是普通本子，可是只花了九便士，才合五六毛錢。鋪子裡還賣舊話匣片子，不住地開著讓人聽，三五個男女夥計穿梭似的張羅著。別幾家鋪子沒進去，外邊瞧了瞧，也一團灰土氣。

市場門口有小牌子寫著開放日期，又有一塊寫著「謹防扒手」——倫敦別處倒沒見過這玩意兒。地面大小和北平東安市場差不多，一半帶屋頂，一半露天；乾淨整齊，卻遠不如東安市場。滿是攤兒，屋裡沒有地攤兒，露天裡有。

擺攤兒的，男女老少，色色俱全；還有纏著頭的印度人。賣的是日用什物，布匹、小擺設；花樣也不怎麼多，多一半古舊過了頭。有幾件日本瓷器，中國貨色卻不見。也有賣吃的，賣雜耍的。蹚了半天，看見一個銅獅子鎮紙，夠重的，獅子頗有點威武；要價三先令（二元餘），還了一先令，沒買成。快散了，卻瞥見地下大大的、厚厚的一本冊子，拿起來翻看，原來是書紙店裡私家賀年片的樣本。這些舊賀年片雖是廢物，卻印得很好看，又各不相同；問價錢才四便士，合兩毛錢，便馬上買了。出門時又買了個擦皮鞋的絨捲兒，也賤——到現在還用著。這時正愁大冊子夾著不便，抬頭卻見面前立著個賣硬紙口袋的，大小都有，買了東西的人，大概全得買上那麼一只；這當口門外沿路一直到大街上，挨挨擦擦的，差不離盡是提紙口袋的。——我口袋裡那冊賀年片樣本，回國來讓太太、小姐、孩子們瞧，都愛不釋手；讓她們猜價兒，至少說四元錢。我忍不住要想，逛那麼一趟加爾東尼，也算值得了。

一九三五年四月十一日作

吃的

提到歐洲的吃喝，誰總會想到巴黎，倫敦是算不上的。不用說別的，就說煎山藥蛋吧。法國的切成小骨牌塊兒，黃澄澄的、油汪汪的、香噴噴的；英國的「條兒」（chips）卻半黃半黑，不冷不熱，乾乾兒的什麼味也沒有，只可以當飽罷了。再說英國飯吃來吃去，主菜無非是煎炸牛肉排、羊排骨，配上兩樣素菜；記得在一個人家住過四個月，只吃過一回煎小牛肝兒，算是新花樣。可是菜做得簡單，也有好處：材料壞容易見出，像大陸上廚子將壞東西做成好樣子，在英國是不會的。大約他們自己也覺著膩味，所以一九二六那一年有一位華衣脫女士（E. White）組織了一個英國民間烹調社，搜求各市各鄉的食譜，想給英國菜換點兒花樣，讓它好吃些。一九三一年十二月烹調社開了一回晚餐會，從十八世紀以來的食譜中選了五樣菜（湯和點心在內），據說是又好吃，又不費事。這時候正是英國的國貨年，所以報紙上頗爲揄揚一番。可是，現在歐洲的風氣，吃飯要少、要快，那些陳年的老古董，怕總有些不合時宜吧。

吃飯要快，爲的忙，歐洲人不能像咱們那樣慢條斯理兒的，大家知道。幹嘛要少呢？爲的衛生，固然不錯，還有別的：女的、男的都怕胖。女的怕胖，胖了難看；男的也愛那股標勁兒，要像個運動家。這個自然說的是中年人、少年人；老頭子挺著個大肚子的卻有的是。歐洲人一日三餐，分量頗不一樣。像德國，早晨只有咖啡麵包，晚間常冷食，只有午飯重些。法國早晨是咖啡、月牙餅，午飯晚飯似乎一般分量。英國卻早晚飯並重，午飯輕些。英國講究早飯，和我國成都等處一樣。有麥粥、火腿蛋、麵包、茶，有時還燻鹹魚、果子。午飯頂簡單的，可以只吃一塊烤麵包、一杯咖啡；有些小飯店裡出賣午飯盒子，是些冷魚冷肉之類，卻沒有賣晚飯盒子的。

倫敦頭等飯店總是法國菜，二等的有義大利菜、法國菜、瑞士菜之分；舊城館子和茶飯店等才是本國味道。茶飯店與煎炸店其實都是小飯店的別稱。茶飯店的「飯」原指的午飯，可是賣的東西並不簡單，吃晚飯滿成；煎炸店除了煎炸牛肉排、羊排骨之外，也賣別的。頭等飯店沒去過，義大利的館子卻去過兩家。一家在牛津街，規模很不小，晚飯時有女雜耍和跳舞。只記得那回第一道菜是生蠔之類；一種特製的盤子，邊上圍著七八個圓格子，每格放半個生蠔，吃起來很雅相。另一家在由斯敦路，也是個熱鬧地方。這家卻小小的，通心細粉做得最好；將粉切成半分來長的小圈兒，用黃油煎熟了，平鋪在盤兒裡，灑上乾酪（計司）粉，輕鬆鮮美，妙不可言。還有炸

「搿氣蠔」，鮮嫩清香，蝤蛑、瑤柱，都不能及；只有寧波的蠣黃彷彿近之。

茶飯店便宜的有三家，拉衣恩司（Lyons）、快車奶房、ＡＢＣ麵包房。每家都開了許多店子，遍布市內外；ＡＢＣ比較少些，也貴些，拉衣恩司最多。快車奶房炸小牛肉、小牛肝和紅燒鴨塊都還可口；他們燒鴨塊用木炭火，所以頗有中國風味。ＡＢＣ炸牛肝也可吃，但火急肝老，總差點兒事；點心烤得卻好，有幾件比得上北平法國麵包房。拉衣恩司似乎沒什麼出色的東西；但他家有兩處「角店」，都在鬧市轉角處，那裡卻有好吃的。角店一是上下兩大間，一是三層三大間，都可容一千五百人左右；晚上有樂隊奏樂。一進去只見黑壓壓的坐滿了人，過道處窄得可以，但是氣象頗爲闊大（有個英國學生譏爲「窮人的宮殿」，也許不錯）；在那裡往往找了半天、站了半天才等著空位子。這三家所有的店子都用女侍者，只有兩處角店裡卻用了些男侍者——男侍者工錢貴些。男女侍者都穿了黑制服，女的更戴上白帽子，分層招待客人。也只有在角店裡才要給點小費（雖然門上標明「無小費」字樣），別處這三家開的鋪子裡都不用給的。曾去過一處角店，烤雞做得還入味；但是一隻雞腿就合中國一元五角，若吃雞翅還要貴點。茶飯店有時備著骨牌等等，供客人消遣，可是向侍者要了玩的極少；客人多的地方，老是有人等位子，乾脆就用不著備了。此外還有一些生蠔店，專吃生蠔，不便宜；一位房東太太告訴我說「不衛生」，但是吃的人也不見少。吃生蠔卻不宜在夏天，所以英國人說月名中沒有「R」（五六七八月），生蠔就不當令了。倫敦中國飯店也有七八家，貴賤差得很大，看地方而定。菜雖也有些高低，可都是變相的廣東味兒，遠不如上海新雅好。在一家廣東樓要過一碗雞肉餛飩，合中國一元六角，也夠貴了。

茶飯店裡可以吃到一種甜燒餅[33]（muffin）和窩兒餅[34]（crumpet）。甜燒餅彷彿我們的火燒，但是沒餡兒，軟軟的，略有甜味，好像摻了米粉做的。窩兒餅面上有好些小窩窩兒，像蜂房，比較地薄，也像摻了米粉。這兩樣大約都是法國來的；但甜燒餅來的早，至少二百年前就有了。廚師多住在祝來巷（Drury Lane），就是那著名的戲園子的地方；從前用盤子頂在頭上賣，手裡搖著鈴子。那時節人家都愛吃，買了來，

[33] 今稱瑪芬。
[34] 今多稱烤麵餅。

多多抹上黃油，在客廳或飯廳壁爐上烤得熱辣辣的，讓油都浸進去，一口咬下來，要不沾到兩邊口角上。這種偷閒的生活是很有意思的。但是後來的窩兒餅浸油更容易、更香，又不太厚、太軟，有咬嚼些，樣式也波俏；人們漸漸地喜歡它，就少買那甜燒餅了。一位女士看了這種光景，心下難過，便寫信給《泰晤士報》，爲甜燒餅抱不平。《泰晤士報》特地做了一篇小社論，勸人吃甜燒餅以存古風；但對於那位女士所說的窩兒餅的壞話，卻寧願存而不論，大約那論者也是愛吃窩兒餅的。

復活節（三月）時候，人家吃煎餅（pancake），茶飯店裡也賣；這原是懺悔節（二月底）懺悔人晚飯後，去教堂之前吃了好熬餓的，現在卻在早晨吃了。餅薄而脆，微甜。北平中原公司賣的「胖開克」（煎餅的音譯）卻未免太「胖」，而且軟了。——說到煎餅，想起一件事來：美國麻省勃克夏地方（Berkshire Country）有「吃煎餅競爭」的風俗，據《泰晤士報》說，一九三二的優勝者一氣吃下四十二張餅，還有臘腸、熱咖啡。這可算「眞正大肚皮」了。

英國人每日下午四時半左右要喝一回茶，就著烤麵包黃油。請茶會時，自然還有別的，如火腿夾麵包、生碗豆苗夾麵包、茶饅頭[35]（tea scone）等等。他們很看重下午茶，幾乎必不可少。又可乘此請客，比請晚飯簡便省錢得多。英國人喜歡喝茶，對於喝咖啡，和法國人相反；他們也煮不好咖啡。喝的茶現在多半是印度茶；茶飯店裡雖賣中國茶，但是主顧寥寥。不讓利權外溢固然也有關係，可是不利於中國茶的宣傳

[35] 今稱爲司康。

（如說製時不乾淨）和茶味太淡才是主要原因。印度茶色濃味苦，加上牛奶和糖正合式；中國紅茶不夠勁兒，可是香氣好。奇怪的是茶飯店裡賣的，色香味都淡得沒影子。那樣茶怎麼會運出去，眞莫名其妙。街上偶然會碰著提著筐子賣落花生的（巴黎也有），推著四輪車賣炒栗子的，教人有故國之思。花生栗子都裝好一小口袋一小口袋的，栗子車上有炭爐子，一面炒，一面裝，一面賣。這些小本經紀在倫敦街上也頗古色古香，點綴一氣。栗子是乾炒，與我們「糖炒」的差得太多了。——英國人吃飯時也有乾果，如核桃、榛子、榧子，還有巴西烏菱（原名BraziDs，巴西出產，中國通稱「美國烏菱」），烏菱實大而肥、香脆爽口，運到中國的太乾，便不大好。他們專有一種乾果夾，像鉗子，將乾果夾進去，使勁一握夾子柄，「格」的一聲，皮殼碎裂，有些蹦到遠處，也好玩兒的。蘇州有瓜子夾，像剪刀，卻只透著玲瓏小巧，用不上勁兒去。

一九三五年二月四日作

乞丐

「外國也有乞丐」，是的；但他們的丐道或丐術不大一樣。近些年在上海常見的，馬路旁水門汀上用粉筆寫著一大堆困難情形，求人幫助，粉筆字一邊就坐著那寫字的人，——北平也見過這種乞丐，但路旁沒有水門汀，便只能寫在紙上或布上——卻和外國乞丐相像；這辦法不知是「來路貨」呢，還是「此心同，此理同」呢？

倫敦乞丐在路旁畫畫的多，寫字的卻少。只在特拉伐加方場附近見過一個長鬚老者（外國長鬚的不多），在水門汀上端坐著，面前幾行潦草的白粉字。說自己是大學出身，現在一寒至此，大學又有何用，這幾句牢騷話似乎頗打動了一些來來往往的人，加上老者那炯炯的雙眼，不露半星兒可憐相，也教人有點肅然。他右手放著一只小提箱，打開了，預備人往裡扔錢。那地方本是四通八達的鬧市，扔錢的果然不少。箱子內外都撒的銅子兒（便士）；別的乞丐卻似乎沒有這麼好的運氣。

畫畫的大半用各色粉筆，也有用顏料的。見到的有三種花樣。或雙鉤To Live（求生）二字，每一個字母約一英尺見方，在雙鉤的輪廓裡精細地作畫。字母整齊勻淨，通體一筆不苟。或雙鉤Good Luck（好運）二字，也有只用Luck（運氣）一字的。——「求生」是自道；「好運」、「運氣」是爲過客頌禱之辭。或畫著四五方風景，每方大小也在一英尺左右。通常畫者坐在畫的一頭，那一頭將他那舊帽子翻過來放著，銅子兒就扔在裡面。

這些畫丐有些在藝術學校受過正式訓練，有些平日愛畫兩筆，算是「玩意兒」。到沒了落兒，便只好在水門汀上動起手來了。一九三二年五月十日，這些人還來了一回展覽會。那天的晚報（*The Evening News*）上選印了幾幅，有兩幅是彩繡的。繡的人諢名「牛津街開特爾老大」，拳亂時做水手，來過中國，他還記得那時情形。這兩幅畫繡在帆布（畫布）上，每幅下了八萬針。他繡過英王愛德華像，據說頗爲當今王后所賞識；那是他生平最得意的時候。現在卻只在牛津街上浪蕩著。

晚報上還記著一個人。他在雜戲館（Halls）幹過三十五年，名字常大書在海報上。三年前還領了一個雜戲班子遊行各處，他扮演主要的角色。英倫三島的城市都到過；大陸上到過百來處，美國也到過十來處。也認識賈波林。可是時運不濟，「老倫敦」卻沒一個子兒。他想起從前朋友們說過靜物寫生多麼有意思，自己也曾學著玩兒；到了此時，說不得只好憑著這點「玩意兒」在泰晤士河長堤上混混了。但是他怕認得他的人太多，老是背向著路中，用大帽檐遮了臉兒。他說在水門汀上作畫頗不容易；最怕下雨，幾分鐘的雨也許毀了整天的工作。他說總想有朝一日再到戲臺上去。

畫丐外有樂丐。牛津街見過一個，開著話匣子，似乎是坐在三輪自行車上；記得頗有些堂哉皇也的神氣。復活節星期五在冷街中卻見過一群，似乎一人推著風琴，一人按著，一人高唱《頌聖歌》——那推琴的也和著。這群人樣子卻就狼狽了。據說話匣子等等都是賃來；他們大概總有得賺的。另一條冷街上見過一個男的帶著兩個女的，穿著得像剛從垃圾堆裡出來似的。一個女的還抹著胭脂，簡直是一塊塊紅土！男的奏樂，女的亂七八糟的跳舞，在剛下完雨泥滑滑的馬路上。這種女乞丐很少。又見過一個拉小提琴的人，似乎很年輕、很文雅，向著步道上的過客站著。右手本來抱著個小猴兒；拉琴時先把牠抱在左肩頭蹲著。拉了沒幾弓子，猴兒尿了；他只若無其事，讓衣服上淋淋漓漓的。

牛津街上還見過一個，那眞狼狽不堪。他大概賃話匣子等等的力量都沒有；只找了塊板兒，三四尺長，五六寸寬，上面安上條弦子，用只玻璃水杯將弦子綳起來。把板兒放在街沿下，便蹲著，兩隻手穿梭般彈奏著。那是明燈初上的時候，步道上人川流不息；一雙雙腳從他身邊匆匆的跨過去，看見他的似乎不多。街上汽車聲、腳步聲、談話聲混成一片，他那獨弦的細聲細氣，怕也不容易讓人聽見。可是他還是埋著頭彈他那一手。

幾年前一個朋友還見過背誦迭更斯小說的。大家正在戲園門口排著班等買票；這個人在旁背起《塊肉餘生述》來，一邊念，一邊還做著。這該能夠多找幾個子兒，因爲比那些話匣子等該有趣些。

警察禁止空手空口的乞丐，乞丐便都得變做賣藝人。若是無藝可賣，手裡也得拿點東西，如火柴、皮鞋帶之類。路角落裡常有男人或女人拿著這類東西默默站著，臉上大都是黯淡的。其實賣藝、賣物，大半也是幌子；不過到底教人知道自尊些，不許不做事白討錢。只有瞎子，可以白討錢。他們站著或坐著；胸前有時掛一面紙牌子，寫著「盲人」。又有一種人，在乞丐非乞丐之間。有一回找一家雜耍場不著，請教路角上一個老者。他殷勤領著走，一面說剛失業，沒錢花，要我幫個忙兒。給了五個便士（約合中國三毛錢），算是酬勞，他還爭呢。其實只有二三百步路罷了。跟著走，訴苦，白討錢的，只遇著一次；那裡街燈很暗，沒有警察，路上人也少，我又是外國人，他所以厚了臉皮，放了膽子——他自然不是瞎子。

一九三五年十月二十六日作

聖誕節

十二月二十五日聖誕節。英國人過聖誕節，好像我們舊曆年的味兒。習俗上宗教上，這一日簡直就是「元旦」；據說七世紀時便已如此，十四世紀至十八世紀中葉，雖然將「元旦」改到三月二十五日，但是以後情形又照舊了。至於一月一日，不過名義上的歲首，他們向來是不大看重的。

這年頭人們行樂的機會越過越多，不在乎等到逢年過節；所以年情節景一回回地淡下去，像從前那樣熱狂地期待著，熱狂地受用著的事情，怕只在老年人的回憶，小孩子的想像中存在著罷了。大都市裡特別是這樣；在上海就看得出，不用說更繁華的倫敦了。再說這種不景氣的日子，誰還有心腸認眞找樂兒？所以雖然聖誕節，大家也只點綴點綴，應個景兒罷了。

可是郵差卻忙壞了，成千成萬的賀片經過他們的手。賀片之外還有月分牌。這種月分牌一點兒大，裝在卡片上，也有畫，也有吉語。花樣也不少，卻比賀片差遠了。賀片分兩種，一種塡上姓名，一種印上姓名。交遊廣的用後一種，自然貴些；據說前些年也得勾心鬥角地出花樣，這一年卻多半簡簡單單的，爲的好省些錢。前一種卻不同，各家書紙店得搶買主，所以花色比以先還多些。不過據說也沒有十二分新鮮出奇的樣子，這個究竟只是應景的玩意兒呀。但是在一個外國人眼裡，五光十色，也就夠瞧的。曾經到舊城一家大書紙店裡看過，樣本厚厚的四大冊，足有三千種之多。

樣本開頭是皇家賀片：英王的是聖保羅堂圖；王后的內外兩幅畫，其一是花園圖；威爾士親王的是候人圖；約克公爵夫婦的是一六六〇年聖詹姆士公園冰戲圖；馬利公主的是行獵圖。聖保羅堂莊嚴宏大，下臨倫敦城；園裡的花透著上帝的微笑；候人比喻好運氣和歡樂在人生的大道上等著你；聖詹姆士公園（在聖詹姆士宮南）代表宮廷，溜冰和行獵代表英國人運動的嗜好。那幅溜冰圖古色古香，而且十足神氣。這些賀片原樣很大，也有小號的，誰都可以買來填上自己名字寄給人。此外有全金色的，晶瑩照眼；有「蝴蝶翅」的，閃閃的寶藍光；有雕空嵌花紗的，玲瓏剔透，如嚼冰雪。又有羊皮紙仿四折本的；嵌銅片小風車

的；嵌彩玻璃片聖母像的；嵌剪紙的鳥的；在貓頭鷹頭上黏羊毛的，都爲的教人有實體感。

太太們也忙得可以的，張羅著親戚朋友、丈夫孩子的禮物，張羅著裝飾屋子、聖誕節、火雞等等。節前一個禮拜，每天電燈初亮時上牛津街一帶去看，步道上挨肩擦背匆匆來往的滿是辦年貨的；不用說是太太們多。裝飾屋子有兩件東西不可沒有，便是冬青和「蘋果寄生」[36]（mistletoe）的枝子。前者教堂裡也用，後者卻只用在人家裡，大都插在高處。冬青取其青，有時還帶著小紅果兒；用以裝飾聖誕節，由來已久，有人疑心是基督教徒從羅馬風俗裡撿來的。「蘋果寄生」帶著白色

[36] 今名爲槲寄生。

小漿果兒，卻是英國土俗，至晚十七世紀初就用它了。從前在它底下，少年男人可以和任何女子接吻。但接吻後他得摘掉一粒果子。果子摘完了，就不准再在下面接吻了。

聖誕樹也有種種裝飾，樹上掛著給孩子們的禮物，裝飾的繁簡大約看人家的情形。我在朋友的房東太太家看見的只是小小一株；據說從烏爾烏斯三六公司（貨價只有三便士、六便士兩碼）買來，才六便士，合四五毛錢。可是放在餐桌上，青青的，的里瓜拉掛著些耀眼的玻璃球兒，繞著樹更安排些「哀斯基摩人」[37]一類小玩意，也熱熱鬧鬧地湊趣兒。聖誕樹的風俗是從德國來的；德國也許是從斯堪第那維亞

[37] 今譯名爲愛斯基摩人。

傳下來的。斯堪第那維亞神話裡有所謂世界樹，叫做「乙格抓西兒」[38]（Yggdrasil），用根和枝子連繫著天地幽冥三界。這是株枯樹，可是滴著蜜。根下是諸德之泉；樹中間坐著一隻鷹、一隻松鼠、四隻公鹿；根旁一條毒蛇，老是啃著根。松鼠上下竄，在頂上的鷹與聰敏的毒蛇之間挑撥是非。樹震動不得，震動了，地底下的妖魔便會起來搗亂。想著這段神話，現在的聖誕樹眞是更顯得溫暖可親了。聖誕樹和那些冬青、「蘋果寄生」，到了來年六月一齊燒去；燒的時候，在場的都動手，爲的是分點兒福氣。

聖誕節的晚上，在朋友的房東太太家裡，照例該吃火雞、酸梅布

[38] 今名爲尤克特拉希爾。

丁；那位房東太太手頭頗窘，卻還賣了幾件舊家具，買了一隻二十二磅重的大火雞來過節。可惜女僕不小心，烤枯了一點兒；老太太自個兒嘮叨了幾句，大節下，也就算了。可是火雞味道也並不怎樣特別似的。吃飯時候，大家一面扔紙球，一面扯花炮——兩個人扯，有時只響一下，有時還夾著小紙片兒，多半是帶著

「愛」字兒的吉語。飯後做遊戲，有音樂椅子（椅子數目比人少一個；樂聲止時，眾人搶著坐）、掩目吹蠟燭、抓瞎、搶人（分隊）、搶氣球等等，大家居然一團孩子氣。最後還有跳舞。這一晚過去，第二天差不多什麼都照舊了。

新年大家若無其事地過去；有些舊人家願意上午第一個進門的是個頭髮深、氣色黑些的人，說這樣人帶進新年是吉利的。朋友的房東太太那早晨特意通電話請一家熟買賣的掌櫃上她家去；他正是這樣的人。新年也賣曆本；人家常用的是老摩爾曆本（Old Moore's Almanack），書紙店裡買，價錢賤，只兩便士。這一年的，面上印著「喬治王陛下登基第二十三年」。有一塊小圖，畫著日月星地球，地球外一個圈兒，畫著黃道十二宮的像，如「白羊」、「金牛」、「雙子」等。古來星座的名字，取像於人物，也另有風味。曆本前有一整幅觀像圖，題道，「將來怎樣？」、「老摩爾告訴你」。從圖中看，老摩爾創於一千七百年，到現在已經二百多年了。每月一面，上欄可以說是「推背圖」，但沒有神祕氣；下欄分日數、星期、大事記、日出沒時間、月出沒時間、倫敦潮汛、時事預測各項。此外還有月盈缺表、各港潮汛表、行星運行表、三島集期表、郵政章程、大路規則、做點心法、養家禽法、家事常識。廣告也不少，賣丸藥的最多，滿是給太太們預備的；因爲這種曆本原是給太太們預備的。

一九三四年十二月十五至十七日作

房東太太

歇卜士太太（Mrs. Hibbs）沒有來過中國，也並不怎樣喜歡中國，可是我們看，她有中國那老味兒。她說人家笑她母女是維多利亞時代的人，那是老古板的意思；但她承認她們是的，她不在乎這個。

眞的，聖誕節下午到了她那間黯淡的飯廳裡，那家具、那人物、那談話，都是古氣盎然，不像在現代。這時候她還住在倫敦北郊芬乞來路（Finchley Road）。那是一條闊人家的路；可是她的房子已經抵押滿期，經理人已經在她門口路邊上立了一座木牌，標價招買，不過半年多還沒人過問罷了。那座木牌，和籃球架子差不多大，只是低些；一走到門前，準看見。晚餐桌上，聽見廚房裡尖叫了一聲，她忙去看了，回來說，火雞烤枯了一點，可惜，二十二磅重，還是賣了幾件家具買的呢。她可惜的是火雞，倒不是家具；但我們一點沒吃著那烤枯了的地方。

她愛說話，也會說話，一開口滔滔不絕；押房子、賣家具等等，都會告訴你。但是只高高興興地告訴你，至少也平平淡淡地告訴你，絕不垂頭喪氣，絕不唉聲嘆氣。她說話是個趣味，我們聽話也是個趣味（在她的話裡，她死了的丈夫和兒子都是活的，她的一些住客也是活的）；所以後來雖然聽了四個多月，倒並不覺得厭倦。有一回早餐時候，她說有一首詩，忘記是誰的，可以作她的墓銘，詩云：

這兒一個可憐的女人，
她在世永沒有住過嘴。
上帝說她會復活，
我們希望她永不會。

其實我們倒是希望她會的。

道地的賢妻良母，她是：這裡可以看見中國那老味兒。她原是個闊小姐，從小送到比利時受教育、學法文、學鋼琴。鋼琴大約還熟，法文可生疏了。她說街上如有法國人向她問話，她想起答話的時候，那人怕已經拐了彎兒了。結婚時得著她姑母一大筆遺產；靠著這筆遺產，她支持了這個家庭二十多年。歇卜士先生在劍橋大學畢業，一心想作詩人，成天住在雲裡霧裡。他二十年只在家裡待著，偶然教幾個學生。他的詩送到劍橋的刊物上去，原稿卻寄回了，附著一封客氣的信。他又自己花錢印了一小本詩集，封面上注明，希望出版家採納印行，但是並沒有什麼回響。太太常勸先生刪詩行，譬如說，四行中可以刪去三行罷；但是他不肯割愛，於是乎只好敝帚自珍了。

歇卜士先生卻會說好幾國話。大戰後太太帶了先生小姐，還有一個朋友去逛義大利，住旅館、僱船等等，全交給詩人的先生辦，因為他會說義大利話。幸而沒出錯兒。臨上火年，到了站臺上，他卻不見了。眼見車就要開了，太太這一急非同小可，又不會說給別人，只好教小姐去張看，卻不許她遠走。好容易先生鑽出來了，從從容容的，原來他上「更衣室」來著。

太太最傷心她的兒子。他也是大學生，長得一表人才。大戰時去從軍，訓練的時候偶然回家，非常愛惜那莊嚴的制服，從不教它有一個折兒。大戰快完的時候，卻來了惡消息，他盡了他的職務了。太太最傷心的是這個時候的這種消息，她在舉世慶祝休戰聲中，迷迷糊糊過了好些日子。後來逛義大利，便是解悶兒去的。她那時甚至於該領的恤金，無心，也不忍去領——等到限期已過，即使要領，可也不成了。

小姐現在是她唯一的親人；她就這個女孩子活著。早晨一塊兒拾掇拾掇屋子，吃完了早飯，一塊兒上街散步，回來便坐在飯廳裡，說說話，看看通俗小說，就過了一天。晚上睡在一屋裡。一星期也同出去看一兩回電影。小姐大約有二十四五了，高個兒，總在五英尺十寸左右；蟹殼臉，露牙齒，臉上倒是和和氣氣的。愛笑，說話也天真得像個十二三歲小姑娘。先生死後，他的學生愛利斯（Ellis）很愛歇卜士太太，幾次想和她結婚，她不肯。愛利斯是個傳記家，有點小名氣。那回詩人德拉梅在倫敦大學院講文學的創造，曾經提到他的書。他很高興，在歇卜士太太晚餐桌上特意說起這個。但是太太說他的書乾燥無味，他送來，她們只翻了三五頁就擱在一邊兒了。她說最恨貓怕狗，連書上印的狗都怕，愛利斯卻養著一大堆。她女兒最愛電影，愛利斯卻瞧不起電影。她的不嫁，怎麼窮也不嫁，一半為了女兒。

這房子招徠住客，遠在歇卜士先生在世時候。那時只收一個人，每日供早晚兩餐，連宿費每星期五鎊錢，合八九十元，夠貴的。廣告登出了，第一個來的是日本人，他們答應下了。第二天又來了個西班牙人，卻只好謝絕了。從此住這所房的總是日本人多；先生死了，住客多了，後來竟有「日本房」的名字。這些日本人有一兩個在外邊有女人，有一個還讓女人騙了，他們都回來在飯桌上報告，太太也同情的聽著。有一回，一個人忽然在飯桌上談論自由戀愛，而且似乎是衝著小姐說的。這一來太太可動了氣，飯後就告訴那個人，請他另外找房住。這個人走了，可是日本人有個俱樂部，他大約在俱樂部裡報告了些什麼，以後日本人來住的便越過越少了。房間老是空著，太太的積蓄早完了；還只能在房子上打主意，這才抵押了出去。那時自然盼望贖回來，可是日子一天一天過去，情形並不見好。房子終於標賣，而且聖誕節後不久，便賣給一個猶太人了。她想著年頭不景氣，房子且沒人要呢，哪知猶太人到底有錢，竟要了去，經理人限期讓房。快到期了，她直說來不及。經理人又向法院告訴，法院出傳票教她去。她去了，女兒攙扶著；她從來沒上過堂，法官說欠錢不讓房，是要坐牢的。她又氣又怕，幾乎昏倒在堂上；結果只得答應了加緊找房。這種種也都是爲了女兒，她可一點兒不悔。

她家裡先後也住過一個義大利人、一個西班牙人，都和小姐做過愛；那西班牙人並且和小姐訂過婚，後來不知怎樣解了約。小姐倒還惦著他，說是：「身架眞好看！」太太卻說，「那是個壞傢伙！」後來似乎還有個「壞傢伙」，那是太太搬到金樹臺的房子裡才來住的。他是英國人，叫凱德，四十多了。先是作公司兜售員，沿門兜售電器掃除器爲生。有一天撞到太太舊宅裡去了，他要表演掃除器給太太看，太太攔住他，說不必，她沒有錢；她正要賣一批家具，老賣不出去，煩著呢。凱德說可以介紹一家公司來買；那一晚太太很高興，想著他定是個大學畢業生。沒兩天，果然介紹了一家公司，將家具買去了。他本來住在他姊姊家，卻搬到太太家來了。他沒有薪水，全靠兜售的佣金；而電氣掃除器那東西價錢很大，不容易脫手，所以便乾擱起來了。這個人只是個買賣人，不是大學畢業生。大約窮了不止一天，他有個太太，在法國給人家看孩子，沒錢，接不回來；住在姊姊家，也因為窮，讓人家給請出來了。搬到金樹臺來，起初整付了一回房飯錢，後來便零碎的半欠半付，後來索性付不出了。不但不付錢，有時連午飯也要叨光。如是者兩個多月，太太只得將他趕了出去。回國後接著太太的信，才知道小姐卻有點喜歡凱德這個「壞蛋」，大約還跟他來往著。太太最提心這件事，小姐是她的命，她的命決不能交在一個「壞蛋」手裡。

小姐在芬乞來路時，教著一個日本太太英文。那時這位日本太太似乎非常關心歇卜士家住著的日本先生們，老是問這個問那個的；見了他們，也很親熱似的。歇卜士太太瞧著不大順眼，她想著這女人有點輕狂。凱德的外甥女有一回來了，一個摩登少女。她照例將手絹掖在襪帶子上，拿出來用時，讓太太看在眼裡。後來背地裡議論道：「這多不雅相！」太太在小事上是很敏銳的。有一晚，那愛爾蘭女僕端菜到飯廳，沒有戴白帽沿兒。太太很不高興，告訴我們，這個侮辱了主人，也侮辱了客人。但那女僕是個「社會主義」的貪婪的人，也許匆忙中沒想起戴帽沿兒；壓根兒她怕就覺得戴不戴都是無所謂的。記得那回這女僕帶了男朋友到金樹臺來，是個失業的工人。這時剛搬了家，好些零碎事正得一個人。太太便讓這工人幫幫忙，每天給點錢。這原是一舉兩得，各廂情願的。不料女僕卻當面說太太揩了窮小子的油。太太聽說，簡直有點莫名其妙。

太太不上教堂去，可是迷信。她雖是新教徒，可是有一回丟了東西，都照人家傳給的法子，在家點上一枝蠟，一條腿跪著，口誦安東尼聖名，說是這麼著東西就出來了。拜聖者是舊教的花樣，她卻不管。每回作夢，早餐時總翻翻占夢書。她有三本占夢書；有時她笑自己，三本書說的都不一樣，甚至還相反呢。喝碗茶，碗裡的茶葉，她也愛著；看像什麼字頭，便知是姓什麼的來了。她並不盼望訪客，她是在盼望住客啊。到金樹臺時，前任房東太太介紹一位英國住客繼續住下。但這位半老的住客卻嫌客人太少，女客更少，又嫌飯桌上沒有笑，沒有笑話；只看歇卜士太太的獨角戲，老母親似的嘮嘮叨叨，總是那一套。他終於托故走了，搬到別處去了。我們不久也離開英國，房子是乎空空的。去年接到歇卜士太太來信，她和女兒已經努力作了人家管家老媽了；「維多利亞時代」的上流婦人，這世界已經不是她的了。

一九三七年四月二十七至二十八日作

Note

Note

Note

掌中書 026

倫敦雜記

作　　者 —— 朱自清
發 行 人 —— 楊榮川
總 經 理 —— 楊士清
總 編 輯 —— 楊秀麗
副總編輯 —— 黃惠娟
叢書企畫 —— 蘇美嬌
責任編輯 —— 魯曉玟
封面設計 —— 姚孝慈
出 版 者 —— 五南圖書出版股份有限公司
地　　址 —— 臺北市大安區 106 和平東路二段 339 號 4 樓
電　　話 —— 02-27055066（代表號）
傳　　真 —— 02-27066100
劃撥帳號 —— 01068953
戶　　名 —— 五南圖書出版股份有限公司
網　　址 —— https://www.wunan.com.tw
電子郵件 —— wunan@wunan.com.tw
法律顧問 —— 林勝安律師
出版日期 —— 2012 年 1 月初版一刷
2020 年 10 月二版一刷
2024 年 1 月三版一刷
定　　價 —— 250 元

國家圖書館出版品預行編目資料

倫敦雜記 / 朱自清著 . -- 三版 -- 臺北市：五南圖書出版股份有限公司，2024.01
面；公分
ISBN 978-626-366-835-5 (平裝)

1. 遊記　2. 英國倫敦

741.719　　112020377